AF562531

# PÉTITION

DE

## M. PERNOLET, ancien Député de la Seine

RELATIVE A UNE MODIFICATION

## de la LOI ÉLECTORALE

---

Par la proposition de loi qu'il a déposée le 26 mars 1884, l'honorable député CONSTANS s'est proposé de *donner la garantie la plus efficace à la moralité du vote de l'électeur et à l'indépendance de l'élu*. But louable assurément, car, après la libre et complète manifestation des besoins et des aspirations de toutes les fractions du suffrage universel, — qui ne serait pas universel si toutes ne se trouvaient pas représentées dans la mesure du possible, — rien n'est plus désirable que la moralité du vote de l'électeur et que l'indépendance de l'élu, pour assurer, aux décisions prises par les majorités parlementaires, l'autorité nécessaire au fonctionnement pacifique du régime républicain.

La commission chargée d'examiner la proposition de M. CONSTANS s'est prononcée, le 24 mai 1884, pour la prise en considération, en se fondant sur des raisons dont il est de même difficile de contester la valeur :

« La question du procédé électoral, dit le rapporteur, est mêlée

» à tout ce qu'a fait, dans tout ce que fait cette Assemblée et à tous les
» jugements qu'on porte sur elle. La presse, les réunions publiques
» et privées les conversations révèlent l'universelle préoccupation
» de savoir comment se feront les élections prochaines. Cette préoc-
» cupation ressort également de la recherche incessante de systèmes
» et procédés destinés à rendre la représentation nationale plus
» proportionnelle, plus flexible, c'est-à-dire s'adaptant mieux
» aux groupements des opinions et des intérêts divers et réglant
» mieux la part des minorités : aspirations louables, ajoute le
» rapporteur, comme pouvant réaliser un progrès. »

Le soussigné, s'inspirant des différentes considérations invoquées tant par l'honorable M. Constans que par la commission chargée d'examiner sa proposition, a l'honneur de demander à la Chambre des députés que, lorsque viendra la discussion de la proposition de loi dont il s'agit, elle veuille bien examiner si les *desiderata* exprimés ci-dessus par plusieurs de ses membres, ne recevraient pas une satisfaction plus sûre et plus complète au moyen, par exemple, de la substitution, de cinq des articles suivants aux quatre derniers articles de la proposition de loi présentée par M. Constans.

---

## PROPOSITION NOUVELLE

### Article Premier (*comme au projet Constans*)

Les membres de la Chambre des députés sont nommés au scrutin de liste.

### Article 2 (*modification de l'art. 2 du projet Constans*)

Chaque département a droit à autant de députés que sa population compte de fois soixante-dix mille habitants; un député de plus est attribué à tout excédent dépassant trente-cinq mille habitants.

Article 3 (*article nouveau*)

Tout département ayant droit à plus de dix députés sera divisé en circonscriptions qui ne devront pas avoir à élire moins de cinq députés et pas plus de dix.

Article 4 (*nouveau*)

Le vote aura lieu à la manière habituelle des élections au scrutin de liste.

Au recensement général on n'admettra à concourir à l'élection que celles des listes déposées qui auront réuni un nombre moyen de suffrages égal au moins au résultat officiel de la division du *nombre des électeurs inscrits* par le nombre des députés à élire.

Autant de fois ce *quantum nécessaire* sera contenu dans le nombre moyen des suffrages obtenus par une liste, autant de candidats de cette liste seront définitivement élus.

Article 5 (*nouveau*)

Si, au premier tour, deux au moins des groupes distincts d'électeurs ont réuni, en faveur de leurs listes, la majorité des voix des inscrits, il n'y aura pas de second tour : la répartition des sièges restés disponibles se fera entre les listes concurrentes proportionnellement au nombre moyen des voix que chacune de ces listes aura obtenues.

S'il y a lieu à un second tour pour compléter la députation du département ou de la circonscription, l'élection se fera à la majorité relative, comme à l'ordinaire.

Article 6 (*nouveau*)

Un règlement d'administration publique établira les détails de la procédure à suivre pour l'application de la présente loi.

## CONSIDÉRATIONS A L'APPUI DE LA PRÉSENTE PÉTITION

Au moyen des six articles proposés, le scrutin de liste pourrait être rétabli en France avec tous les avantages qu'on lui attribue, sans donner prise à la crainte de le voir devenir un instrument de domination entre les mains d'un parti exclusif. Ce serait, en même temps, une application simple et facile du principe à la fois rationnel, juste et libéral de la représentation proportionnelle de tous, dans les assemblées délibérantes où les intérêts de tous sont en jeu.

En République, le pouvoir absolu qui appartient, sans conteste possible, à la représentation nationale, n'a sa raison d'être que dans le principe essentiellement républicain du suffrage universel. Or, le suffrage universel serait un leurre, s'il n'assurait pas à l'universalité des citoyens une représentation organisée de manière à faire du Parlement l'image fidèle de la Nation, l'expression libre, sincère et complète de tous les intérêts et de toutes les aspirations du Pays.

Ce n'est qu'autant que la représentation des citoyens est exacte et complète, que l'autorité des décisions prises par les majorités parlementaires peut prétendre au droit de s'imposer à tous et que tous doivent la respecter.

Voilà l'idéal politique auquel nous devons tendre, sous notre République, si l'on veut la rendre digne à la fois des temps modernes et de la loyauté française.

Pour réaliser cet idéal dans la mesure du possible, il n'y a qu'un moyen, et ce moyen semble aussi sûr qu'il est facile; c'est que, dans toute circonscription électorale, tout groupe homogène d'électeurs ait la faculté de faire occuper, par un représentant ayant sa confiance entière, l'un des sièges attribués par la loi à cette circonscription, sans autre restriction que d'avoir à paraître au scrutin en assez grand nombre pour prouver qu'il a droit de revendiquer une quote-part entière des sièges disponibles.

Or, pour avoir plein droit à cet égard, il faut absolument que le candidat d'un tel groupe réunisse au scrutin un nombre de voix égal au moins au résultat de la division du nombre des électeurs inscrits par le nombre des députés à élire. En effet, du moment que tout groupe remplissant ces conditions dans chaque circonscription recevrait de la loi électorale la faculté d'élire un député, il ne dépendrait plus que de la volonté des différents groupes distincts d'électeurs d'être tous représentés dans la mesure du possible, et la représentation des opinions et des intérêts divers du pays tout entier deviendrait aussi exacte et complète qu'on peut le désirer.

Ce serait le véritable règne du suffrage universel, et la République française serait enfin ce qu'elle doit être, le gouvernement de tous par tous, au profit de tous. autant du moins que c'est humainement possible.

Sous le régime du principe de la représentation exclusive de la majorité des votants qui domine notre loi électorale, le droit indéniable de tous à être représentés dans les assemblées délibérantes où se débattent et se règlent leurs intérêts, est complètement méconnu, soit qu'on vote au scrutin de liste, soit qu'on vote au scrutin uninominal; car, dans un cas comme dans l'autre, c'est seulement pour une moitié des votants que ce droit est admis, et cette moitié qui, à bien dire, ne doit souvent sa faveur qu'au hasard, peut légalement n'être que le quart des *inscrits*, et même moins en cas de ballottage.

D'où cette conséquence intolérable que la majorité elle-même pourrait, un jour, se trouver délaissée et, qui pis est, opprimée par la minorité.

L'élection se fait, sous le régime en vigueur, dans des conditions telles, que c'est une véritable lutte pour l'existence politique, une sorte de guerre civile; il s'ensuit que les passionnés seuls des différents partis s'y engagent avec ardeur et que la population entière de chaque circonscription se trouve, bon gré mal gré, divisée finalement en vainqueurs et en vaincus, sans nécessité et sans que les modérés des différents partis puissent intervenir efficacement pour rapprocher ou départager les combattants. En effet, les modérés ne sont et ne peuvent être presque jamais assez homogènes ni assez nombreux pour se sentir capables de neutraliser les prétentions intransigeantes des passionnés, faute de pouvoir réunir contre eux un nombre de voix supérieur à celles de leur ensemble. Cependant cette supériorité numérique est le seul moyen que la loi en vigueur laisse aux modérés pour exercer leur droit d'être représentés dans nos assemblées délibérantes. On conviendra que ce moyen est non seulement illusoire, qu'il est inique, puisque tandis que la loi en vigueur permet à un quart d'électeurs passionnés de représenter le tout — adversaires et abstenants, — elle ne tend à rien moins qu'à exiger des modérés un nombre de voix double.

C'est ainsi que nos lois électorales condamnent à une sorte d'ostracisme non seulement les vaincus du scrutin, mais en outre une foule d'électeurs qui souvent ne s'abstiennent que faute de pouvoir se faire la part à laquelle ils ont un droit indéniable dans la représentation nationale.

La République aurait évidemment honneur et profit à ne pas laisser subsister plus longtemps une situation aussi peu régulière, aussi équivoque et aussi inconciliable — il ne faut pas craindre de le reconnaître — avec la pacification des esprits et la sécurité publique.

On ferait cesser bientôt, ce semble, cet état de choses en substituant, dans nos lois électorales, le principe rationnel, juste et véritablement républicain de la représentation proportionnelle de tous, dans chaque circonscription, au principe arbitraire et tout à fait despotique de la représentation exclusive de la majorité des votants. Il ne serait nullement nécessaire, pour cela, de rien changer aux habitudes des électeurs français; ils pourraient, par exemple, continuer de faire, pour ce qui les concerne, ce qui vient d'être fait partout au cours des dernières élections municipales, si l'on tenait absolument à ne pas faire mieux. C'est seulement l'interprétation des résultats qui devrait être modifiée conformément aux prescriptions des articles 4 et 5, si l'on admettait ma procédure, en vue de permettre à toute fraction suffisamment nombreuse du corps électoral de jouir du droit d'avoir sa quote-part légitime dans la répartition des sièges attribués à chaque département. Or cette interprétation devant se faire à la Préfecture, en même temps que le recensement général des votes, les calculs élémentaires qu'elle exige ne sauraient être une objection.

A mon sens, la quote-part des sièges auxquels chacun des groupes concurrents a droit doit se déduire du *nombre des électeurs inscrits* et non pas du *nombre des votants*, comme on l'admet communément. J'estime en effet que, pour être élu, de plein droit, en qualité de représentant du suffrage universel d'un département, il faut absolument, comme je l'ai indiqué plus haut, qu'un candidat soit fort d'un nombre de suffrages égal au moins au résultat de la division du nombre des électeurs inscrits par le nombre des sièges à occuper.

Tout groupe de moindre importance est à l'état de quantité qu'on est en droit de négliger sous notre régime de la domination du nombre. Eût-il les titres les plus sérieux à la considération des théoriciens du libéralisme ou du socialisme, un groupe qui se trouve en nombre insuffisant dans sa circonscription ne saurait prétendre à la représenter, par la raison qu'il est impossible de lui donner une place qui n'existe pas, puisqu'une députation ne peut matériellement pas comprendre des fractions de député.

Il faut considérer d'ailleurs qu'un groupe en nombre insuffisant dans son département pour avoir droit d'avoir, à lui seul, un des siens pour représentant dans la députation de son département, n'est pas pour cela nécessairement délaissé ni sacrifié sous le régime du système de la représentation proportionnelle, parce que ce système permettant à plusieurs groupes différents de se partager équitablement les membres de la députation assignée à ce département, il ne faudra presque jamais un grand effort de bonne volonté, à des électeurs sérieux, pour trouver, parmi les groupes ayant la *capacité représentative*, un groupe auquel ils puissent se rattacher, sans faire l'abandon complet de leurs tendances. Un groupe incomplet par lui-même pourrait ainsi toujours se procurer une représentation partielle de ses idées, en attendant qu'il ait assez grandi, s'il doit le faire, pour acquérir le droit d'être représenté d'une manière plus indépendante et plus exacte.

Il suffirait donc que les électeurs composant un groupe insuffisant en nombre ne fussent pas intransigeants à outrance pour qu'ils eussent eux-mêmes la faculté de participer, dans une mesure convenable, à la représentation de leur département; de sorte que ceux-là seuls ne seraient plus représentés, dans l'ensemble du corps électoral d'un département, qui refuseraient de l'être.

---

## OBSERVATIONS

Le principe de la représentation proportionnelle de tous dans chaque circonscription a pour lui l'autorité des nombreuses Sociétés anglaises, belges, suisses, italiennes, américaines et autres qui, toutes, ont étudié et fait connaître différents moyens de mettre l'application de ce principe à la portée des corps électoraux de ces différents pays (1). Si quelqu'un de ces moyens était jugé préférable à celui qui résulterait de l'application des articles 4 et 5 de la loi proposée ci-dessus, on pourrait se contenter de supprimer dans mon projet ces deux articles en se référant à l'article 6, qui deviendrait l'article 4 et dernier et suffirait, à la rigueur, pour pourvoir à l'application de celui des systèmes connus qu'on aurait préféré, après toutefois que l'adoption du principe nouveau aurait été proclamée.

(1) Voir notamment les dernières publications de MM. Thomas Hare, Ernest Naville, d'Hondt, sir Lubbock, etc. Toute une bibliothèque existe sur cette question; la Chambre des députés doit en posséder les ouvrages les plus importants.

La nouvelle Société anglaise de représentation proportionnelle compte parmi ses adhérents près de deux cents membres du Parlement, appartenant aux quatre grands partis du Royaume-Uni : les libéraux, les conservateurs, les radicaux et les *home-rulers*.

On y distingue bon nombre de notabilités politiques de premier ordre; les libéraux et les conservateurs s'y trouvent en nombre à peu près égal : 93 libéraux, 90 conservateurs. Le premier ministre Gladstone passe pour être acquis au principe.

Le Comité de la Société belge (la plus importante après la Société anglaise) est réglementairement composé par moitiés égales de libéraux et de catholiques, aussi sincèrement animés les uns que les autres d'un esprit de liberté et de justice égales pour tous.

Les Sociétés suisses, très anciennes et très nombreuses, semblent se recruter plus particulièrement parmi les conservateurs des différentes nuances de ce pays, qui toutes sont fermement républicaines.

En Italie, le ministère actuel compte parmi ses membres plusieurs partisans, déclarés depuis longtemps, du principe de la représentation proportionnelle, dont une application partielle est déjà en vigueur (à l'imitation de l'Angleterre) dans les collèges ayant plusieurs députés à élire. Au cours de la discussion qui a eu pour conséquence l'adoption de cette disposition nouvelle de la loi électorale, le président du conseil, M. Depretis, a exprimé l'opinion que : « Sans représentation proportionnelle, le scrutin de » liste serait un instrument d'oppression des minorités. »

C'est là une vérité que nos députés me permettront de recommander à leur attention, pour le jour où conservateurs et républicains jugeront opportun de substituer enfin à un gouvernement de combat, le gouvernement de tous par tous au profit de tous.

La question n'est plus à l'état de théorie : le Danemark, l'Angleterre, la Suisse, l'Italie, l'Espagne, le Portugal, les Etats-Unis, le Brésil et l'Australie ont déjà fait, depuis plusieurs années et avec succès, sous différentes formes, des essais de substitution du principe de la représentation proportionnelle de tous, dans chaque circonscription, au principe en vigueur précédemment de la représentation exclusive de la majorité des votants.

En France, on a coutume de faire deux objections contre l'adoption du principe de la représentation proportionnelle : la première, qui témoigne d'une connaissance fort incomplète de tout ce qui a été dit et fait touchant cette matière, est que l'application de ce principe serait trop compliquée pour être comprise du corps électoral ; la seconde est que le principe de la représentation proportionnelle est incompatible avec la constitution d'une majorité forte et homogène, qu'on déclare nécessaire à l'existence du gouvernement parlementaire.

Si l'on entend par là qu'il est plus commode de gouverner au moyen d'une majorité homogène et forte qu'au moyen de cinq ou six partis difficiles à concilier, c'est incontestable; mais la question est de savoir s'il est possible, au temps présent, de voir une majorité homogène et forte sortir régulièrement du suffrage de nos dix millions d'électeurs. Je ne le crois pas ; il me semble évident que, dans un pays aussi malheureusement divisé que le nôtre, une majorité pareille ne pourrait se constituer d'une manière durable qu'en opposition avec une grande partie du pays et que, dans ces conditions, l'autorité des décisions prises par cette majorité serait incessamment contestée, à moins que le gouvernement ne prétendît se faire Empire ou Convention.

Dans nos temps modernes, on ne peut guère compter — pas plus en France qu'en Angleterre, en Allemagne et ailleurs — que sur des majorités soit de coalition plus ou moins loyale, soit d'entente spontanée et sincère tantôt sur une question, tantôt sur une autre. Or, de telles majorités hétérogènes et variables seront toujours d'autant moins incompatibles avec la sécurité publique que les modérés des différents partis y auront une part plus importante, parce qu'eux seuls peuvent donner quelque fixité à la masse mobile et nerveuse du suffrage universel.

C'est donc, à mon avis, une nécessité de notre époque, pour tout pouvoir politique, de savoir se résigner à inaugurer enfin le règne de la liberté et de la justice égales pour tous, en gouvernant avec assez de sagesse, de prévoyance, de dextérité et d'autorité morale pour mériter la considération et le respect de la totalité du corps électoral et du pays tout entier. Donner satisfaction à tous les intérêts légitimes, dans une mesure équitable, au moyen de l'exacte et complète représentation de tous les citoyens, c'est, à mon sens, le seul moyen, pour un gouvernement sincèrement libéral, d'avoir une majorité sinon forte par le nombre et constante, du moins suffisante et respectable et forte par l'autorité morale.

PERNOLET,
Ancien Député de la Seine.



953. — PARIS. — IMPRIMERIE CHARLES BLOT, RUE BLEUE, 7.

CONCOURS RÉGIONAL D'EPERNAY

# RÉPONSE

AU

## DISCOURS PRONONCÉ PAR M. MÉLINE

MINISTRE DE L'AGRICULTURE

AU BANQUET D'EPERNAY

*Châlons-sur-Marne, le 9 juin 1884.*

*A Monsieur le Ministre de l'Agriculture.*

MONSIEUR LE MINISTRE,

Votre présence parmi nous, au Concours Régional d'Epernay, a été un témoignage de sympathique intérêt. Aussi me serais-je permis, si l'usage ne s'y fût opposé, de Vous demander la parole au banquet, après le toast que Vous avez prononcé, pour Vous présenter les observations suivantes.

Je viens donc très sommairement et très respectueusement Vous exposer l'état actuel et réel de la crise agricole, qui augmente chaque jour d'intensité.

*Vous nous avez déclaré, Monsieur le Ministre, que, sans contester les souffrances de l'Agriculture, il fallait d'abord en rechercher les causes, et que la question était délicate et controversée.*

*Vous nous avez fait espérer que le gouvernement pourrait tout au plus, dans une mesure restreinte et qui était encore à l'étude, élever un peu les droits sur le bétail. Vous avez ajouté que Vous étiez disposé à agir par les renseignements, par l'instruction agricole, qui démontrent l'utilité de telle ou telle méthode.*

*Enfin, Vous nous avez engagés à faire une évolution, une sorte même de révolution agricole, analogue à celle accomplie par d'autres nations, et, comme exemple, vous nous avez cité le Nouveau-Monde.*

La comparaison est-elle possible? Nous, simples cultivateurs, nous ne le pensons pas; car en Amérique la main-d'œuvre est facile et à bon marché, les charges et les impôts n'ont rien de comparable aux nôtres, et enfin les Américains ont affaire à un sol neuf qui les dispense de faire usage des engrais. Les transports sont à des prix d'une réduction inconnue en France et le recrutement militaire n'y existe pas.

La situation est parconséquent complètement différente. Permettez-moi donc, Monsieur le Ministre, de revenir à notre pays.

Je ne m'arrêterai pas à la question de la main-d'œuvre, qui, dans nos campagnes de France, est rare et chère, car les pouvoirs publics sont impuissants, à nous ramener malgré eux l'excédent des ouvriers qui encombrent les villes manufacturières.

Un très grand nombre d'entre eux y reviendront certainement un jour. Laissons donc au temps le soin d'accomplir cette œuvre.

*A bref délai nous sommes menacés, dit-on, d'une invasion considérable de blés étrangers venant des Indes, et qui, pris sous vergues à Marseille, ne dépasseront pas* 15 *francs le quintal.*

Les grands transports maritimes s'apprêtent, et on entrevoit encore une baisse sur le fret, surtout quand le Canal de Suez appliquera ses nouveaux tarifs.

Je ne Vous dirai rien des sucres, que Vous ne sachiez déjà mieux que nous, habitants de la région de l'Est. C'est une industrie qui s'effondre si on n'y porte un remède immédiat.

Depuis plusieurs années, nous avons été forcés de faire presque entièrement le sacrifice de nos laines, car nous sommes dans l'impossibilité de lutter avec l'Australie, dont les laines se sont presque partout substituées aux nôtres dans nos filatures françaises.

On nous a bien, depuis quelques années, conseillé de faire des prairies. Mais où donc le cultivateur déjà obéré trouvera-t-il le capital considérable nécessaire à une transformation pour laquelle il faut non-seulement des sacrifices d'argent, mais aussi le travail d'une génération entière ?

Le sol de notre région ne s'y prêterait d'ailleurs que dans une très faible proportion.

Qu'il survienne plusieurs années sèches, et tout serait à recommencer dans une terre où le sol calcaire domine.

Et notre assolement, comment le transformer à aussi bref délai ?

Les résultats de l'enquête que Vous avez bien voulu ordonner dans le département de l'Aisne commencent à se répandre. Qu'a-t-on reconnu ? un état général, non-seulement de malaise, mais de détresse.

*Eh bien, Monsieur le Ministre, nous ne pouvons plus attendre, la situation est d'une extrême gravité ! !*

L'Agriculture vous demande, vous supplie de la défendre, et sollicite des droits protecteurs sur les céréales, sur le bétail vivant et sur les viandes abattues. Mais, entendons-nous bien, des droits établis avec mesure, avec justice.

L'Industrie, la Manufacture viendront peut-être vous dire : Mais vous allez ramener la cherté en France ! Non, Monsieur le Ministre, rassurez-vous. La législation est là pour parer à cette éventualité.

*Tant que le prix du pain ne dépasse pas 0 fr. 20 c. le 1/2 kilog., ce prix n'est pas hors de proportion avec le taux actuel de la main-d'œuvre.*

*Nous le savons, ce que demandent les ouvriers, nous qui sommes sans cesse au milieu d'eux, c'est du travail, toujours du travail et des logements salubres et à bon marché.*

*D'ailleurs, Monsieur le Ministre, ne sommes-nous pas tous solidaires en ce monde ?*

*Les industriels, les ouvriers savent bien que s'ils ne se nourrissent pas de nos produits, nous ne pouvons leur acheter les leurs. Si nous-mêmes nous ne gagnons rien, comment est-il possible que nous fassions gagner quelque chose aux autres ?*

C'est une loi d'équilibre social à laquelle aucune puissance humaine ne peut se soustraire.

Vous êtes notre mandataire, Vous êtes notre ministre, nous profitons donc de Votre séjour en Champagne pour remettre avec confiance notre sort entre Vos mains.

Plus la mission est haute et délicate, plus la responsabilité est grande. Plus grande aussi sera notre reconnaissance, Monsieur le Ministre, si, après avoir jugé par Vous-même, en venant ici, que ce tableau de notre agriculture est sincère et véritable, Vous arrivez à faire partager Vos convictions par Vos collègues du Cabinet et du Parlement.

Le mal s'avance à grands pas. Aussi, espérons-nous que, pendant que Vous êtes au pouvoir, Vous ne voudrez pas laisser s'accomplir la ruine du cultivateur, ruine dont l'imminence est évidente.

Avec tous ceux qui chaque jour dans nos campagnes sont témoins de ces souffrances, permettez-nous, Monsieur le Ministre, de faire appel à Votre haute intervention pour mettre en œuvre tous les moyens de *protection en faveur de l'Agriculture, contre la concurrence étrangère.*

Plein de confiance en Votre sollicitude, je suis avec respect, Monsieur le Ministre, Votre très dévoué serviteur.

ALFRED LEQUEUX,

*Secrétaire général du Comice départemental.*

www.ingramcontent.com/pod-product-compliance
Lightning Source LLC
LaVergne TN
LVHW010342230826
846091LV00009B/3988
*9782011767905*